초등학생을 위한

표준 한국어
익힘책

저학년
의사소통 3

초등학생을 위한
표준 한국어
익힘책

국립국어원 기획 | 이병규 외 집필

저학년
의사소통 3

마리북스

발간사

국립국어원에서는 교육부 2012년 '한국어 교육과정' 고시에 따라 교육과정을 반영한 학교급별 교재 개발을 진행하였습니다. 이어서 2017년 9월에 '한국어 교육과정'이 개정·고시(교육부 고시 제2017-131호)됨에 따라 2017년에 한국어(KSL) 교재 개발 기초 연구를 수행하였고, 연구 결과를 바탕으로 초등학교 교재 11권, 중고등학교 교재 6권을 개발하여 2019년 2월에 출판하였습니다.

교재에 더하여 학교 현장에서 다문화가정 학생들의 한국어 의사소통 능력 및 학습 능력 함양에 보탬이 되고자 익힘책을 개발하게 되었습니다. 교재와의 연계성을 높인 내용으로 구성하여 말 그대로 익힘책을 통해 한국어를 더 잘 익힐 수 있도록 노력하였습니다. 더불어 익힘책의 내용을 추가 반영한 지도서를 함께 출판하여 현장에서 애쓰시는 일선 학교 담당자들과 선생님들에게도 교재 사용의 길라잡이를 제공하고자 하였습니다.

'다문화'라는 말이 더 이상 낯설지 않은 한국 사회에서 다문화가정 학생들이 한국 사회 구성원으로서의 정체성 함양에 밑거름이 되는 한국어 능력을 기르는 데《초등학생을 위한 표준 한국어》가 도움이 되기를 바랍니다. 국립국어원에서는 이제껏 그래왔듯이 교재 개발 결과가 현장에서 보다 잘 활용될 수 있도록 돕기 위하여 교재 개발은 물론 교원 연수 등을 통해 지속적으로 다문화가정 학생들의 한국어 능력 향상을 위해 노력하겠습니다.

끝으로 3년간《초등학생을 위한 표준 한국어》교재와 익힘책, 지도서 개발과 발간을 위해 애써 주신 교재 개발진과 출판사에 깊은 감사의 말씀을 드립니다.

2020년 1월
국립국어원장 소강춘

머리말

　　새로 발행되는《초등학생을 위한 표준 한국어 익힘책》은 2019년에 개정되어 출판된《초등학생을 위한 표준 한국어》와 함께 사용하는 보조 교재입니다. 본교재로서《초등학생을 위한 표준 한국어》는 고학년과 저학년의 학령과 숙달도에 맞게 각 4권, 총 8권으로 출판된 〈의사소통 한국어〉 교재와 세 학년군, 세 권 책으로 분권 출판된 〈학습 도구 한국어〉 교재를 통해 초등학생들의 한국어(KSL) 학습의 바탕이 되고 있습니다. 익힘책 교재는 이들 교재와 긴밀하게 연계된 단원 구성을 가지고 있으며, 본교재의 한국어(KSL) 학습 내용을 다시 떠올리고 관련된 연습 활동을 충분히 수행할 수 있도록 구성되었습니다.

　　〈초등학생을 위한 표준 한국어 의사소통 익힘책〉은 〈의사소통 한국어〉 교재와 연계되어 있으며 일상생활과 학교생활의 다양한 장면 속에서 어휘와 문법을 연습할 수 있도록 편찬되었습니다. 무엇보다도 〈의사소통 한국어〉 본단원에서 학습한 목표 어휘와 문법을 다양한 상황에 따라 사용할 수 있고 말하고, 듣고, 읽고 쓰는 주요한 언어 기능의 통합적 사용을 되새기며 연습할 수 있도록 하는 활동이 주요하게 제시되었습니다. 〈학습 도구 한국어〉 교재와 연계된 〈초등학생을 위한 표준 한국어 학습 도구 익힘책〉은 교실 수업과 교과 학습 상황에 필요한 주요한 어휘와 학습 개념을 복습하고 활용하는 내용들로 채워져 있습니다. 본단원에서 제시된 학습 도구 어휘, 교과 연계적 개념과 기능들을 특히 읽기와 쓰기의 문식성 활동들을 통해 되새기고 연습할 수 있도록 합니다.

　　2019년에 개정 출판되었던《초등학생을 위한 표준 한국어》교재와 마찬가지로, 새로 출판되는 《초등학생을 위한 표준 한국어 익힘책》역시 초등학생 학습자와 초등 교육 현장의 특성을 충분히 이해하고 반영하려는 여러 노력들을 바탕으로 한 것입니다. 익힘책 편찬에서는 교실에서의 학습 조건이나 교재를 활용하는 다양한 환경이 많이 고려되었습니다. 학습자와 교사 모두가 본교재에 접근하는 데에 실질적인 도움을 얻고 어려움을 덜 수 있도록 익힘책이 보조하도록 하였습니다.

　　《초등학생을 위한 표준 한국어 익힘책》편찬을 위해 많은 관심과 지원을 아끼지 않은 국립국어원 소강춘 원장님을 비롯한 관계자 여러분께 감사드립니다. 본교재와 더불어 익힘책 교재로 이어졌던 고된 집필을 마무리하기까지, 노력과 진심을 다해 주신 연구 집필진 선생님들께, 그리고 마리북스 정은영 대표를 비롯한 출판에 도움을 주신 많은 분들께도 감사의 마음을 전합니다.

2020년 1월
연구 책임자 이병규

《표준 한국어 익힘책 3》은 모두 4차시로 구성되어 있으며, 《표준 한국어 3》의 필수 차시와 연계하여 학습합니다. 《익힘책 3》은 읽기, 쓰기 위주로 학습자의 자기 주도 학습이 가능하도록 하였고, 목표 어휘와 목표 문법을 반복 연습할 수 있도록 구성하였습니다. 《익힘책 3》을 시작하기 전에 '알고 있나요?' 활동을 통해 이 책을 배울 준비가 되었는지를 확인할 수 있습니다. '잘 배웠나요?'는 이 책을 잘 배웠는지 종합 정리하는 활동입니다.

단원 번호와 단원명
단원의 주제를 제목으로 제시하였습니다.

차시 번호와 차시 제목
해당 차시의 주제를 제목으로 제시하였습니다.

목표 어휘 연습
학습 대상 어휘를 다양한 활동을 통하여 연습합니다.

목표 어휘 연습 확장
학습한 어휘를 활용하여 구나 문장 만들기 연습을 합니다.

목표 문법 연습
학습 대상 문법을 정확하게 사용할 수 있도록 형태 연습을 합니다.

8 방학에 할머니 댁에 갈 것 같아요

1 여행 계획

1. 알맞은 것을 연결하고 〈보기〉와 같이 써 봅시다.

〈보기〉 할머니를 · · 만났어요
① 선생님을 ·
② 동생을 ·
③ 빈센트를 · · 뵈었어요

〈보기〉 나는 할머니를 [뵈][었][어][요].
① 나는 선생님을 [ ][ ][ ][ ].
② 나는 동생을 [ ][ ][ ][ ].
③ 나는 빈센트를 [ ][ ][ ][ ].

2. 써 봅시다.

(책을) 읽다 ➡ 읽는 김에   (책상을) 닦다 ➡
(슈퍼에) 가다 ➡ 가는 김에   (방을) 청소하다 ➡

84 • 의사소통 한국어 익힘책 3

목표 어휘와 목표 문법
학습 대상 어휘와 문법을
확인할 수 있습니다.

ㅅㅇㅈ

🖊 뵙다, 일본, 친구를 만나다, 친척
💬 -는 김에

● 〈의사소통 한국어 3〉 144~145쪽

연계 안내
〈의사소통 한국어 3〉의 연계
쪽수를 안내합니다.

3. 어떤 일과 어떤 일을 같이 할 수 있어요? 연결해서 문장을 만들어 봅시다.

목표 문법 연습 확장
문장 안에서 학습 대상인 문법
형태를 활용하는 연습을 합니다.

〈보기〉

세수하다 + 양치질을 하다

→ 세수 | 하 | 는 | 김 | 에 |
양치질도 했어요.

①

제주도에 삼촌을 뵈러 가다 + 여행을 하다

→ 제주도에 삼촌을 뵈러
| | | | |
여행도 했어요.

②

장난감을 정리하다 + 놀지 않는 장난감을 버리다

→ 장난감을 | | | | |
놀지 않는 장난감도 버렸어요.

③ 부모님과 시장에 가다 + 친구 생일 선물을 사다

→ 부모님과 시장에 가는 김에 _____.

④ 엄마가 마트에 가시다 + 내 공책을 사 오시다

→ 엄마가 마트에 _____ 내 공책도 사 오셨어요.

⑤ 엄마가 할머니를 뵈러 베트남에 가시다 + 친척들을 만나고 오시다

→ 엄마가 할머니를 뵈러 베트남에 _____ 친척들도
만나고 오셨어요.

8. 방학에 할머니 댁에 갈 것 같아요 • 85

1. 그림에 알맞은 인사를 해 보세요.

① 친구를 만날 때   ② 친구와 헤어질 때   ③ 새 친구를 만날 때

2. 가족을 소개해 주세요. 가족들이 무엇을 좋아해요?

3. 어떤 수업을 좋아해요? 학교 수업 중에 무엇이 기억에 남아요?

시간표

요일 / 교시	월요일	화요일	수요일	목요일	금요일
1	국어	통합	수학	국어	통합
2	수학	통합	수학	국어	수학
3	통합	국어	통합	통합	통합
4	통합	국어	통합	통합	창의
5	창의	안전한 생활		창의	
6					
7					

4. 사계절 중에서 어느 계절을 좋아해요? 왜 그 계절을 좋아해요?

5. 방학 때 무엇을 했어요? 이번 방학에 무엇을 하고 싶어요?

6. 다음 중에서 먹어 본 음식이 있어요? 음식 맛은 어때요? 그 음식은 어떻게 먹어요?

중국 딤섬

인도 카레

일본 초밥

이탈리아 피자

7. 얼마예요? 값을 말해 봅시다.

① 600원

② 2000원

8. 공공장소에서 예절을 안 지킨 친구는 누구예요? 그 친구는 어떻게 해야 할까요?

① 리암
식당에서 뛰어다녀요.

② 아비가일
도서관에서 조용히 책을 봐요.

'알고 있나요?' 점검하기

질문에 잘 대답했는지 선생님과 확인해 봅시다.

문항	평가 기준	매우 잘함	잘함	보통

1	1) 상황에 알맞은 인사말을 할 수 있어요.
	2) ① 친구와 만날 때 "○○, 안녕!" 등으로 인사해요.
	  ② 친구와 헤어질 때 "잘 가. 내일 보자." 등으로 인사해요.
	  ③ 새 친구를 만날 때 "나는 ○○(이)야. 만나서 반가워." 등으로
	    인사해요.			

2	1) '아버지, 어머니, 할아버지, 할머니, 오빠, 언니, 형, 누나, 동생, 남동생, 여동생' 등의 낱말을 사용하여 소개할 수 있어요. 2) '-는 것'을 사용하여 가족을 소개할 수 있어요.			

3	1) '배우다, 복습하다, 예습하다, 수업, 시간, 숙제' 등 학습과 관련된
	  낱말을 사용하여 말할 수 있어요.
	2) '-은 것'을 사용하여 "○○ 수업 시간에 -은 것이 기억에 남아요."
	  와 같이 말할 수 있어요.			

4	1) '봄, 여름, 가을, 겨울, 계절, 꽃이 피다, 단풍이 들다, 따뜻하다, 춥다,
	  덥다, 쌀쌀하다, 비가 오다, 눈이 오다, 바람이 불다' 등 날씨와 계절과
	  관련된 낱말을 사용하여 말할 수 있어요.
	2) '-어서, -을 수 있다'를 사용하여 말할 수 있어요.			

5	1) '방학, 방학하다, 개학, 개학하다, 여름 방학, 겨울 방학, 영화, 연극, 박물관, 미술관' 등의 낱말을 사용하여 말할 수 있어요. 2) '이랑'을 사용하여 말할 수 있어요.			

6	1) '짜다, 달다, 시다, 맵다, 싱겁다' 등 맛과 관련된 낱말을 사용하여
	  말할 수 있어요.
	2) '덜다, 찍다, 뿌리다, 비비다' 등 음식 먹는 방법과 관련된 낱말을
	  사용하여 말할 수 있어요.
	3) '-어 보다, -는/은'을 사용하여 말할 수 있어요.			

7	1) 각 문항의 물건 값이 얼마인지 정확하게 말할 수 있어요. 2) '이, 육, 백, 천' 등의 숫자를 말할 수 있어요.			
8	1) '음식점, 식당, 뛰어다니다, 예절, 지키다' 등의 낱말을 사용하여 말할 수 있어요. 2) '-어야 하다, -지 않다'를 사용하여 말할 수 있어요.			

차례

1 뛰다가 넘어졌어요

1 보건실

1. 알맞은 낱말을 골라 써 봅시다.

귀   눈   발   배   손   입   코   팔
다리   머리   무릎   어깨   허리

머리

머리, 눈, 코, 귀, 입, 어깨, 허리, 배, 손, 팔, 발, 무릎, 다리　　　● 〈의사소통 한국어 3〉 18~19쪽

2. 〈보기〉와 같이 써 봅시다.

어디가 아파요?

목　　배　　팔　　어깨

〈보기〉

선생님: 어디가 아파요?

저밍:　어깨가 아파요.

①

선생님: 어디가 아파요?

저밍: _____.

②

선생님: 어디가 아파요?

저밍: _____.

③

선생님: 어디가 아파요?

저밍: _____.

3. 글을 읽고 그림을 그려 봅시다.

① 얼굴은 동그란 모양이에요.
② 머리 위쪽에 귀가 길게 2개 있어요.
③ 눈은 3개고 아주 커요.
④ 눈 아래에 코가 세모 모양이에요.
⑤ 팔이 길고 4개예요.
⑥ 다리는 1개예요.

② 사고

1. 알맞은 것을 연결해 봅시다.

- ① — 넘어지다
- ② — 손을 베이다
- ③ — 손을 데다
- ④ — 뛰다
- ⑤ — 발목을 삐다
- ⑥ — 철봉에 매달리다

2. 써 봅시다.

(놀이를) 하다	(운동장에서) 뛰다	(철봉에) 매달리다
↓	↓	↓
하다가		

3. 〈보기〉와 같이 써 봅시다.

〈보기〉 라면을 끓이다 + 손을 데다

라면을 | 끓 | 이 | 다 | 가 | 손을 데었어요.

① 뛰다 + 넘어지다

[ ] [ ] [ ] 넘어졌어요.

② 철봉에 매달리다 + 떨어지다

철봉에 [ ] [ ] [ ] [ ] 떨어졌어요.

③ 요리를 하다 + 손을 베이다

요리를 [ ] 이 [ ] 손을 베였어요.

4. 알맞은 말을 골라 써 봅시다.

넘어지다   손을 데다   자전거를 타다

① 자전거를 타다가 [ ] [ ] [ ] [ ] [ ] .

② 요리를 하다가 [ ] [ ] [ ] [ ] [ ] .

③ [ ] [ ] [ ] [ ] [ ] [ ] 돌에 부딪혔어요.

1. 알맞은 것을 연결해 봅시다.

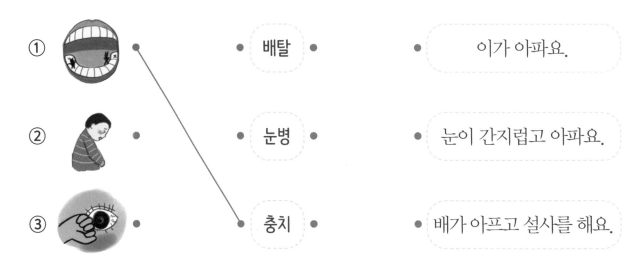

① · · 배탈 · · 이가 아파요.

② · · 눈병 · · 눈이 간지럽고 아파요.

③ · · 충치 · · 배가 아프고 설사를 해요.

2. 알맞은 말을 써 봅시다.

아이다: 얘들아, 내가 퀴즈를 낼 테니까 맞혀 봐.

먼저 나는 빨간색이야.

저밍: 나 알 것 같아. 체리 인 것 같아.

아이다: 아니야, 더 들어 봐. 나는 동그랗게 생겼어.

요우타: 신호등 _____.

아이다: 아니야, 나는 맛이 달아.

저밍: 사과 _____.

아이다: 맞았어. 정답은 사과야.

3. 〈보기〉와 같이 써 봅시다.

1) 문장을 이어 써 보세요.

〈보기〉 **감기**   계속 기침을 하는 걸 보니 <u>감기인 것 같아</u>.

① **배탈** 배가 아프고 설사를 하는 걸 보니 □□□ □ □□ .

② **충치** 이가 아픈 걸 보니 □□□ □ □□ .

2) 문장의 앞부분을 써 보세요.

〈보기〉 **배탈** <u>배탈인 것 같은데</u> 따뜻한 물을 마셔.

① **눈병** □□□ □ □□ 병원에 가 봐.

② **감기** □□□ □ □□ 좀 쉬는 게 좋겠어.

4. 알맞은 말을 연결해 봅시다.

① 저밍: 아이다, 너 눈이 빨개.
아이다: 나 어제부터 눈이 자꾸 간지러워.
저밍: _____.

② 아이다: 리암, 어디가 아파?
리암: 응, 열이 나고 기침도 나.
아이다: _____.

충치인 것 같은데 병원에 가 봐.

눈병인 것 같은데 병원에 가 봐.

감기인 것 같은데 약을 먹어 봐.

④ 병원

1. 의사 선생님이 뭐라고 했어요? 연결해 봅시다.

① 충치가 생겼어요. — 연고를 바르세요.

② 상처가 났어요. — 깨끗하게 이를 닦으세요.

③ 발목을 삐었어요. — 파스를 붙이세요.

④ 눈병에 걸렸어요. — 안약을 넣으세요.

2. 써 봅시다.

하루	일주일	3일
↓	↓	↓
하루에		

3. 여러분은 어떻게 해요? 질문에 대답을 써 봅시다.

① 하루에 몇 번 밥을 먹어요? 밥은 하루에 ＿＿＿＿＿ 번 먹어요.

② 하루에 몇 번 물을 마셔요? 물은 하루에 ＿＿＿＿＿ 번 마셔요.

③ 하루에 몇 번 놀이터에 가요? 놀이터는 ＿＿＿＿＿ 에 ＿＿＿＿＿ 번 가요.

④ 하루에 몇 번 화장실에 가요? 화장실은 ＿＿＿＿＿ 에 ＿＿＿＿＿ 번 가요.

4. 써 봅시다.

(밥을) 먹다 → 먹은 다음에

(손을) 씻다 →

(책을) 읽다 →

(놀이를) 하다 → 한 다음에

(연고를) 바르다 →

(파스를) 붙이다 →

5. 〈보기〉와 같이 써 봅시다.

〈보기〉 소독을 하다 + 연고를 바르다 ➡ 소독을 | 한 | 다 | 음 | 에 | 연고를 발라요.

① 밥을 먹다 + 약을 먹다 ➡ 밥을 ☐☐ ☐☐ 약을 먹어요.

② 손을 씻다 + 밥을 먹다 ➡ 손을 ☐☐ ☐☐ 밥을 먹어요.

6. 의사 선생님의 말을 써 봅시다.

상처 – 하루 3번, 손을 씻고 연고 바르기

저밍, | 하 | 루 | 에 | ☐☐ ,

손을 ☐☐ ☐☐ 연고를 바르세요.

글씨 연습

● 글씨를 바르게 써 봅시다.

충	치
충	치

치	과
치	과

배	탈
배	탈

병
병

뛰	다
뛰	다

넘	어	지	다
넘	어	지	다

상	처
상	처

어	디	가		아	파	요	?
어	디	가		아	파	요	?

연	고	를		바	르	세	요	.
연	고	를		바	르	세	요	.

밥을 먹은 다음에

깨끗하게 이를 닦아

요. 하루에 두 번

안약을 넣어요. 소독

을 한 다음에 연고

를 발라요. 하루에

세 번 약을 먹어요.

1 할 수 있는 일

1. 알맞은 말을 골라 써 봅시다.

수영을   (자전거를)   하다

피아노를   (타다)   치다

리코더를   종이접기를   불다

① 자전거를 타다   ② _____   ③ _____

④ _____   ⑤ _____

2. 써 봅시다.

(한자를) 읽다 ➡ 읽을 줄 알다   (돈을) 찾다 ➡

(자전거를) 타다 ➡ 탈 줄 알다   (피아노를) 치다 ➡

3. 〈보기〉와 같이 써 봅시다.

〈보기〉 ➡ ○ ➡ 나는 수영을 | 할 | 줄 | 알 | 아 | 요 |.

① ➡ × ➡ 나는 피아노를 칠 | | 몰라요.

② ➡ × ➡ 나는 라면을 끓일 | | |.

③ ➡ × ➡ 나는 태권도를 할 | | |.

④ ➡ ○ ➡ 나는 리코더를 | | | |.

⑤ ➡ ○ ➡ 나는 자전거를 | | | |.

② 배우고 싶은 것

1. 써 봅시다.

(집에) 가다 → 가자마자

(밥을) 먹다 →

(숙제를) 하다 →

2. 〈보기〉와 같이 써 봅시다.

가 수업이 끝나다
나 집에 가다
다 세수를 하다
라 간식을 먹다

〈보기〉 **가** ➡ **나** ➡ 수업이 | 끝 | 나 | 자 | 마 | 자 | 집에 갔어요.

① **나** ➡ **다** ➡ 집에 | | | | | 세수를 했어요.

② **다** ➡ **라** ➡ 세수를 | | | | | 간식을 먹었어요.

3. 써 봅시다.

(책을) 읽다 → 읽을래?

(떡볶이를) 먹다 →

(여기에) 앉다 →

(영화를) 보다	(축구를) 하다	(피아노를) 치다
↓	↓	↓
볼래?		

4. 〈보기〉와 같이 써 봅시다.

아이다, 같이 숙제할래?

〈보기〉

① 축구를 하다   같이 축구를 ☐☐ ?

② 밥을 먹다   같이 밥을 ☐☐☐ ?

③ 음악 줄넘기를 하다   같이 음악 줄넘기를 ☐☐ ?

④ 종이접기를 하다   같이 ☐☐☐☐☐ ☐☐ ?

⑤ 마술을 배우다   같이 ☐☐☐ ☐☐ ?

③ 경험한 일

1. 써 봅시다.

(양고기를) 먹다	(선물을) 받다	(물고기를) 잡다
↓	↓	↓
먹은 적이 있다		
(배를) 타다	(영화를) 보다	(고양이를) 키우다
↓	↓	↓
탄 적이 있다		

2. 〈보기〉와 같이 써 봅시다.

〈보기〉 ○

가족 여행을 간 적이 있어?

응, 가족 여행을 | 간 | 적 | 이 | 있 | 어 |.

① ○

강아지를 키운 적이 있어?

응, 강아지를 | | | 적이 있어.

② ✕

금붕어를 기른 적이 있어?

아니, 금붕어를 | | | 적이 없어.

③ ○

기차를 | | | | | ?

| |, 기차를 | | | | .

3. 여러분은 무엇을 해 봤어요? 〈보기〉와 같이 여러분의 경험을 써 봅시다.

〈보기〉 → ◯ ✕ → 나는 태권도를 배운 적이

| 있 | 어 | 요 |

① → ◯ ✕ → 나는 가족 여행을 간 적이

| | | |

② → ◯ ✕ → 나는 금붕어를 기른 | | |

| | | |

③ → ◯ ✕ → 나는 기차를 | | |

| | | |

④ → ◯ ✕ → 나는 강아지를 | |

| | | | | |

④ 하고 싶은 것

1. 여러분은 무엇을 할 수 있어요? 무엇을 해 봤어요? 〈보기〉와 같이 써 봅시다.

〈보기〉

나는 작년부터 피아노를 배우고 있어요. 그래서 피아노를 <u>칠 줄 알아요.</u>

전에 가족들 앞에서 피아노를 <u>친 적이 있어요.</u> 기분이 아주 좋았어요.

나는
_____

_____

_____

_____

2. 낱말을 찾아 써 봅시다.

피	기	타	마	술	바
아	배	드	민	턴	이
노	리	자	수	영	올
여	코	전	축	구	린
행	더	거	태	권	도

(수 영 동그라미 표시)

● 두 글자: 수 영 , ☐☐ , ☐☐ , ☐☐ , ☐☐

● 세 글자: ☐☐☐ , ☐☐☐ , ☐☐☐ ,
☐☐☐

● 네 글자: ☐☐☐☐ , ☐☐☐☐

글씨 연습

● 글씨를 바르게 써 봅시다.

자	전	거
자	전	거

수	영	을		하	다
수	영	을		하	다

축	구	를		하	고		싶	다	.
축	구	를		하	고		싶	다	.

	미	안	해	!		수	업		끝
나	자	마	자		방	과		후	
교	실	에		가	야		해	.	

다음 주에 학예
발표회가 있습니다.
저와 친구들은 같이
학예 발표회를 준비
하고 있습니다. 준서
와 저는 태권도를
하기로 했습니다.

3 친구하고 같이 체험 학습을 가요

① 체험 학습 준비

1. 알맞은 낱말을 골라 써 봅시다.

날짜　　먹이　　간식　　장소　　준비물　　돗자리

①

②

③ 동물에게 _____ 를 주다

④

⑤

⑥

1학년 체험 학습

◯ : 서울대공원

◯ : 5월 17일 금요일

◯ : 도시락, 간식, 돗자리, 물

2. 써 봅시다.

친구 ➡ 친구하고 같이 　　동생 ➡

장소, 날짜, 준비물, 간식, 돗자리, 구경하다, 먹이를 주다

하고 같이

● 〈의사소통 한국어 3〉 54~55쪽

3. 알맞은 낱말을 골라 써 봅시다.

4. 위의 대화를 읽고 체험 학습 안내문을 써 봅시다.

체험 학습 안내문

- 장소: 동물원
- 날짜:
- 준비물:
- 가서 할 일:

3. 친구하고 같이 체험 학습을 가요 • 33

1. 〈보기〉와 같이 써 봅시다.

가 　나

다 　라

마 　바

사 　아

자 　차

카 　타

① 여자끼리 모둠을 만들어 보세요.

　　가, 라, 마, 아, 자

② 남자끼리 모둠을 만들어 보세요.

③ 남자 어른끼리 모둠을 만들어 보세요.

④ 동물끼리 모둠을 만들어 보세요.

⑤ 여자아이와 동물을 섞어서 모둠을 만들어 보세요.

2. 알맞은 것을 연결하고 써 봅시다.

① 친한 친구 ② 번호 ③ 남자, 여자

끼리 대로 모둠을 만든다.

① 체험 학습을 갈 때 친한 친구<u>끼리</u> 모둠을 만들고 싶어요.

② 체험 학습을 갈 때 번호 ＿＿＿＿＿＿ 모둠을 만들고 싶어요.

③ 체험 학습을 갈 때 남자는 남자 ＿＿＿＿＿＿, 여자는 여자 ＿＿＿＿＿＿ 모둠을 만들고 싶어요.

3. 맞는 것을 골라 봅시다.

① 키가 작은 순서 [끼리 | 대로] 한 줄로 서세요.

② 오늘부터 일주일 동안 우리 가족 [끼리 | 대로] 여행을 갑니다.

③ 꽃 이름을 순서 [끼리 | 대로] 말해 주세요.

④ 사과는 사과 [끼리 | 대로], 귤은 귤 [끼리 | 대로] 모아 놓았어요.

3 안전 교육

1. 친구들은 어떤 행동을 합니까? 그림을 보고 연결해 봅시다.

2. 친구들은 어떻게 해야 합니까? 〈보기〉와 같이 써 봅시다.

〈보기〉

질서를 지키지 않다

➡ 질서를 지키겠습니다.

① 친구 손을 잡지 않다

➡ 친구 손을 _____.

② 안전벨트를 매지 않다

➡ 안전벨트를 _____.

③ 식사 후에 청소를 하지 않다

➡ 식사 후에 청소를 _____.

④ 혼자 돌아다니다

➡ 혼자 돌아다니지 _____.

4 체험 학습 보고서

1. 맞는 것을 골라 봅시다.

〈보기〉

놀이공원에 가서 놀이 기구를 타면

아주 ⟨신이 나요⟩ 화가 나요 .

①

어제 아기 양을 보았어요.

아기 양 얼굴이 정말 나빴어요 귀여웠어요 .

②

제 꿈은 과학자예요. 저는 과학책이나 과학 영화를

보는 것이 아주 힘들어요 재미있어요 .

③

누에고치에서 실을 뽑았어요.

처음 해 보았는데 아주 아팠어요 신기했어요 .

2. 알맞은 낱말을 찾아서 색칠해 봅시다.

① 1번, 2번, 3번: <u>ㅂ ㅎ</u>

② 동물에게 <u>ㅁ ㅇ</u> 를 주었어요.

③ 체험 학습을 갈 때 도시락과 <u>ㄱ ㅅ</u> 을 가지고 오세요.

④ 차를 탈 때 꼭 <u>ㅇ ㅈ ㅂ ㅌ</u> 를 매야 합니다.

⑤ 매일 깨끗하게 방을 <u>ㅊ ㅅ</u> 합니다.

⑥ <u>ㄴ ㅇ ㄱ ㅇ</u> 에 가서 놀이 기구를 탔어요.

⑦ 체험 학습을 갈 때 친한 친구끼리 <u>ㅁ ㄷ</u> 을 만들었어요.

마	먹	이	안	난	모	둠
당	간	식	전	일	청	소
마	음	공	벨	① 번	호	각
남	부	탁	트	력	추	충
아	놀	이	공	원	수	성
국	수	자	우	주	보	트

글씨 연습

● 글씨를 바르게 써 봅시다.

돗	자	리
돗	자	리

손	을		잡	다
손	을		잡	다

남	자	와		여	자	를		섞	다 .
남	자	와		여	자	를		섞	다 .

선	생	님	,		남	자	는		남
자	끼	리		모	둠	을		만	들
어		주	세	요	.				

동물원에서 아기
양을 보았다. 아주
귀여웠다. 친구하고
같이 양에게 먹이를
주었다. 정말 재미있
었다. 재미있어서 또
가고 싶다.

4 숙제를 다 하고 놀자고 했어요

① 알림장

1. 알림장에 무엇이 있어요? 색칠해 봅시다.

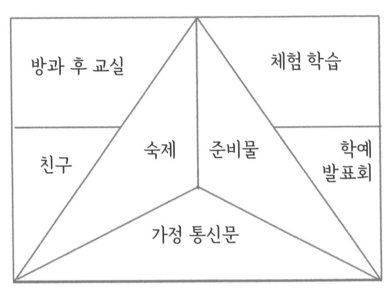

2. 선생님의 말씀을 읽은 다음에 써 봅시다.

1) 선생님 말씀을
   소리 내어 읽어 보세요.

> 여러분, 수학 익힘책 24쪽부터 26쪽을 풀어 오세요.
> 그리고 가정 통신문이 1개 있어요.
> 내일 준비물은 줄넘기예요. 꼭 가지고 오세요.

2) 선생님께서 뭐라고 하셨어요? 알림장을 써 보세요.

  1. 숙: ⎯⎯⎯⎯⎯⎯⎯⎯⎯⎯⎯⎯⎯⎯⎯⎯⎯⎯⎯⎯⎯⎯

  2. ⎯⎯⎯⎯⎯⎯⎯⎯⎯⎯⎯⎯⎯⎯⎯⎯⎯⎯⎯⎯⎯⎯

  3. 준: ⎯⎯⎯⎯⎯⎯⎯⎯⎯⎯⎯⎯⎯⎯⎯⎯⎯⎯⎯⎯⎯⎯

✏ 숙제(숙), 수학 익힘책(수익), 가정 통신문(가통), 급식, 준비물(준) ● 〈의사소통 한국어 3〉 72~73쪽

3. 알림장을 읽고, 아래 그림에서 숙제를 찾아 ○표 해 봅시다.

9월 21일(금)	선생님 확인	부모님 확인
	참 잘했어요	
1. 숙1: 책 읽기 30분		
2. 숙2: 일기		
3. 준: 리코더		
4. 가통 1개		

4. 위의 알림장을 읽고 친구에게 하는 말을 써 봅시다.

요우타, 오늘 첫 번째 숙제는 <u>책 읽기 30분이야.</u>

두 번째 숙제는 _____

_____

② 오늘의 숙제

1. 알맞은 것을 골라 봅시다.

① 오늘 숙제를 많이 해서 ⟨피곤해요 / 무서워요⟩.

② 숙제를 안 해서 선생님께 ⟨혼났어요 / 놀았어요⟩.

③ 어젯밤에 잠을 못 자서 ⟨졸려요 / 기뻐요⟩.

④ 아침에 늦게 일어나서 ⟨시간이 많아요 / 시간이 없어요⟩.

⑤ 놀이터에서 ⟨자고 싶어요 / 놀고 싶어요⟩.

2. 써 봅시다.

(숙제가) 없다	(가기) 싫다	(빵을) 만들다
↓	↓	↓
없어도		

(손을) 잡다	(창문을) 닦다	(친구와) 놀다
↓	↓	↓
잡아도		

(몹시) 피곤하다	(열심히) 공부하다	(밖에서) 운동하다
↓	↓	↓
피곤해도		

3. ⟨보기⟩와 같이 써 봅시다.

⟨보기⟩   피곤하다 ➡ 아무리 피곤해도

① 혼나다 ➡ 아무리 _____   ② 무섭다 ➡ 아무리 _____

③ 졸리다 ➡ 아무리 _____   ④ 놀고 싶다 ➡ 아무리 _____

4. 알맞은 것을 연결하고 읽어 봅시다.

혼나는 것이 무서워도 　 친구와 더 놀고 싶어도 　 아무리 졸려도 　 몸이 힘들어도

숙제를 먼저 할 거예요. 　 사실대로 말할 거예요. 　 매일 운동을 할 거예요. 　 이를 닦고 잘 거예요.

5. 〈보기〉와 같이 써 봅시다.

〈보기〉　　나는 힘들어도 <u>친구를 도와줄 거예요.</u>

① 나는 배가 불러도 　　　　　　　　　　　　　　　.

② 나는 아무리 졸려도 　　　　　　　　　　　　　　.

③ 나는 아무리 피곤해도 　　　　　　　　　　　　　.

④ 나는 　　　　　　　　　　　　　　　　　　　　　.

③ 모둠 활동

1. 써 봅시다.

(숙제를) 하다	(잠을) 자다	(밥을) 먹다
↓	↓	↓
하는 동안에		

2. 리암의 일기를 읽고 물음에 답해 봅시다.

5월 7일(수)　　날씨: ☀

미술 시간에 몸 그리기 모둠 활동을 했다. 우리 모둠은 저밍을 그리기로 했다.
저밍이 큰 종이 위에 눕고 아비가일은 팔과 손을 그렸다. 나는 다리를 그렸다.
우리가 팔과 손, 다리를 그리는 동안에 아이다는 머리를 그렸다.
이렇게 ⃞ㅇ ㅎ⃞ 을 나누어서 그리니까 금방 다 그릴 수 있었다.

1) ⃞ㅇ ㅎ⃞ 에 들어갈 말은 무엇인지 쓰세요. ⃞ ⃞

2) 각자 맡은 역할을 연결하세요.

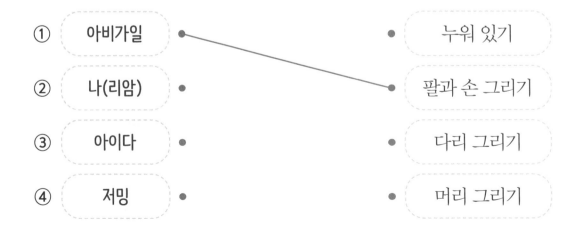

① **아비가일** ●　　　　　● 누워 있기

② **나(리암)** ●　　　　　● 팔과 손 그리기

③ **아이다** ●　　　　　● 다리 그리기

④ **저밍** ●　　　　　● 머리 그리기

3) 친구들이 한 일을 써 보세요.

① 저밍이 누워 있는 동안에 아비가일은 <u>팔과 손을 그렸어요.</u>

② 아비가일이 _____ 동안에 나는 다리를 그렸어요.

③ 내가 _____ 아이다는 머리를 그렸어요.

3. 〈보기〉와 같이 써 봅시다.

〈보기〉 아비가일이 | 밥 | 을 | 먹 | 는 | 동 | 안 | 에 | 아빠는 설거지를 해요.

(밥을 먹다)

① 저밍이 | | | | | | | | | 엄마는 슈퍼에 다녀와요.

(숙제를 하다)

② 리암이 | | | | | | | | | 친구들은 청소를 해요.

(알림장을 쓰다)

③ 요우타가 | | | | | | | | | 친구들은 숫자를 세요.

(줄넘기를 하다)

4 숙제 검사

1. 선생님께서 뭐라고 하셨어요? 알맞은 것을 연결해 봅시다.

청소를 같이 하자. •

청소를 다 했니? •

• 선생님께서 청소를 다 했냐고 하셨어.

• 선생님께서 청소를 같이 하자고 하셨어.

2. 써 봅시다.

(집에) 가다 ➡ 가냐고 하다   (숙제가) 없다 ➡

(밥을) 먹다 ➡ 먹자고 하다   (집에) 가다 ➡

3. 알맞은 말을 골라 봅시다.

① 요우타, 우리 같이 영화 보러 가자.

  ➡ 저밍이 같이 영화 보러 (가자고 가냐고) 했어요.

② 요우타, 오늘 놀이터 가?

  ➡ 저밍이 오늘 놀이터 (가자고 가냐고) 했어요.

③ 요우타, 넌 누구를 제일 좋아해?

  ➡ 저밍이 누구를 제일 (좋아하자고 좋아하냐고) 했어요.

④ 요우타, 밥 먹자.

  ➡ 저밍이 밥 (먹자고 먹냐고) 했어요.

4. 친구의 말을 다른 사람에게 전해 봅시다.

① 수업 마치고 같이 놀자. ➡ 저밍이 수업 마치고 같이 | 놀 | 자 | 고 | 했어요.

② 같이 수영장 가자. ➡ 요우타가 같이 수영장에 | | | 했어요.

③ 내일 숙제 있어? ➡ 저밍이 내일 숙제가 | | | 했어요.

④ 숙제 다 했어? ➡ 요우타가 숙제를 다 | | | 했어요.

5. 밑줄 친 부분을 고쳐 써 봅시다.

1) 공룡 책 있어? 우리 도서관에 가서 빌리자.

① 저밍이 공룡 책 있자고 했어요. ➡ | 있 | 냐 | 고 |

② 저밍이 도서관에 가서 빌리냐고 했어요. ➡ | | | | |

2) 아이스크림 좋아해? 나랑 같이 먹자.

① 요우타가 아이스크림을 좋아하자고 했어요. ➡ | | | | |

② 요우타가 아이스크림을 같이 먹냐고 했어요. ➡ | | | |

글씨 연습

● 글씨를 바르게 써 봅시다.

숙	제
숙	제

알	림	장
알	림	장

준	비	물
준	비	물

확	인
확	인

아	무	리
아	무	리

졸	리	다
졸	리	다

	다	니	엘	이		색	칠	하	는
동	안	에		내	가		팔	을	
그	릴	게	.						

성우가　피곤해서
숙제를　안　하고　　잤
어요.　선생님께　　혼났
어요.　성우가　　아무리
졸려도　숙제를　　해요.
그래서　기분이　좋아
요.

5 쓰레기를 버리면 안 돼요

1 공원에서 지켜야 할 규칙

1. 알맞은 말을 찾아서 〈보기〉와 같이 써 봅시다.

나무에   자전거를   꺾다   타다

쓰레기를   버리다

부르다

꽃을   노래를   올라가다

〈보기〉 ➡ | 나 | 무 | 에 | | 올 | 라 | 가 | 다 | .

① ➡ | | | | | | | | | .

② ➡ | | | | | | | | | .

③ ➡ | | | | | | | .

④ ➡ | | | | | | | | .

나무에 올라가다, 쓰레기를 버리다, 꽃을 꺾다, 노래를 부르다

-으면 안 되다

● 〈의사소통 한국어 3〉 90~91쪽

2. 써 봅시다.

(이 음식을) 먹다
↓
먹으면 안 되다

(문을) 닫다
↓

(꽃을) 꺾다
↓

(혼자서) 가다
↓
가면 안 되다

(늦게) 오다
↓

(쓰레기를) 버리다
↓

3. 다음은 무슨 뜻일까요? 알맞은 것을 연결해 봅시다.

① 나무에 • • 꺾으면 안 돼요.

② 자전거를 • • 올라가면 안 돼요.

③ 쓰레기를 • • 부르면 안 돼요.

④ 꽃을 • • 타면 안 돼요.

⑤ 큰 소리로 노래를 • • 버리면 안 돼요.

② 학교에서 지켜야 할 규칙

1. 써 봅시다.

(점심을) 먹다   (태권도를) 배우다   (뛰면) 안 되다

↓   ↓   ↓

먹는다고 하다

2. 선생님께서 뭐라고 하셨어요? 〈보기〉와 같이 써 봅시다.

〈보기〉 "계단에서 뛰면 안 돼요."

선생님께서 계단에서 뛰면 안 된다고 하셨어.

① "교실에 쓰레기를 버리면 안 돼요."

선생님께서 _____
_____ 하셨어.

② "복도에서 장난치면 안 돼요."

선생님께서 _____
_____ 하셨어.

3. 써 봅시다.

(책을) 읽다   (이름을) 쓰다   (똑바로) 앉다

↓   ↓   ↓

읽으라고 하다

4. 선생님께서 뭐라고 하셨어요? 〈보기〉와 같이 써 봅시다.

〈보기〉
책을 읽으세요.

① 교실에서 조용히 하세요.

② 친구와 사이좋게 지내세요.

〈보기〉 선생님께서 책을 | 읽 | 으 | 라 | 고 | 하셨어요.

① 선생님께서 교실에서 조용히 [　　] 하셨어요.

② 선생님께서 친구와 사이좋게 [　　] 하셨어요.

5. 아이다가 뭐라고 했어요? 〈보기〉와 같이 써 봅시다.

〈보기〉
손을 잡아.

① 안전벨트를 매.

② 의자에 바르게 앉아.

〈보기〉 아이다가 손을 | 잡 | 으 | 라 | 고 | 했어요.

① 아이다가 안전벨트를 [　　] 했어요.

② 아이다가 [　　] [　　] [　　] 했어요.

1. 그림을 보고 알맞은 말을 연결해 봅시다.

① 손을 · · 받다

② 줄을 · · 씻다

③ 양치질을 · · 서다

④ 친구들과
맛있게 · · 놓다

⑤ 급식을 · · 하다

⑥ 수저와 식판을
정해진 곳에 · · 먹다

2. 써 봅시다.

(밥을) 먹다	(손을) 씻다	(일기를) 쓰다
↓	↓	↓
먹고 나서		

3. 다음 글을 읽고 순서대로 써 봅시다.

점심시간이 됐습니다. 급식실에 가기 전에 손을 씻었습니다. 그리고 줄을 섰습니다. 우리는 차례대로 급식을 받았습니다. 친구들하고 맛있게 먹었습니다. 다 먹은 후에 수저와 식판을 정해진 곳에 놓았습니다. 그리고 양치질을 했습니다. 우리는 즐겁게 이야기를 하면서 교실로 돌아갔습니다.

다 ➡ ☐ ➡ ☐ ➡ ☐ ➡ ☐ ➡ ☐

4. 위의 이야기에 맞게 〈보기〉와 같이 써 봅시다.

〈보기〉 **다** ➡ **나** ➡ 손을 | 씻 | 고 | | 나 | 서 | 줄을 섰어요.

① **가** ➡ **바** ➡ 급식을 ☐☐ ☐☐ 친구들과 맛있게 먹었습니다.

② **마** ➡ **라** ➡ 식판을 ☐☐ ☐☐ 양치질을 했습니다.

4 박물관에서 지켜야 할 규칙

1. 선생님께서 뭐라고 하셨어요? 친구에게 말해 봅시다.

내일 박물관에 견학을 갑니다.

도시락을 싸 오세요.

필기도구를 챙겨 오세요.

박물관에서 뛰어다니면 안 돼요.

그리고 시끄럽게 떠들면 안 돼요.

리암, 선생님께서 뭐라고 하셨어?

내일 박물관에 견학을 <u>간다고</u> 하셨어.

도시락을 싸 _____ 하셨어.

필기도구를 챙겨 _____ 하셨어.

박물관에서 뛰어다니면 _____ 하셨어.

그리고 시끄럽게 떠들면 _____ .

2. 낱말을 찾아 써 봅시다.

① 두 글자: | 급 | 식 |, | | |, | | |, | | |, | | |

② 세 글자: | | | |, | | | |

③ 네 글자: | | | | |

글씨 연습

● 글씨를 바르게 써 봅시다.

쓰	레	기
쓰	레	기

장	난	을		치	다
장	난	을		치	다

계	단	에	서		뛰	어	다	니	다	.
계	단	에	서		뛰	어	다	니	다	.

	선	생	님	께	서		내	일	
박	물	관	에		견	학	을		간
다	고		하	셨	어	.			

차례대로 급식을

받고 나서 친구들하

고 맛있게 먹었습니

다. 급식을 다 먹고

나서 수저와 식판을

정해진 곳에 놓았습

니다.

6 교실에서 휴대 전화를 꺼 주세요

① 전화

1. ( ) 안의 말을 따라 써 봅시다.

지민이 어머니가 할머니께 (전화를 걸었어요).
(벨이 울리고) 할머니께서 (전화를 받으셨어요).
"여보세요."
"엄마, 잘 지내시죠?"
할머니와 어머니는 서로 (안부를 물었어요).
"그래, 너도 잘 지내지? 우리 지민이는 어떻게 지내니?"
"집에 있어요. 바꿔 드릴게요."

어머니는 지민이에게 (전화를 바꿔 주었어요).
"할머니, 그동안 안녕하셨어요?"

"그래, 지민아. 잘 지내지? 보고 싶구나."
"저도 할머니 보고 싶어요. 방학 때 할머니 댁에 놀러 갈게요."
"그래, 엄마 말씀 잘 듣고, 건강해라."
"네, 할머니도 건강하세요." 할머니께서 (전화를 끊으셨어요).

2. 위의 글을 읽고 맞으면 ○, 틀리면 ✕표 해 봅시다.

① 지민이 어머니가 할머니께 전화를 걸었어요.　(○)
② 할머니는 지민이와 같이 살아요.　( )
③ 어머니는 지민이에게 전화를 바꿔 주었어요.　( )
④ 할머니께서 지민이 집에 오실 거예요.　( )

전화를 걸다, 벨이 울리다, 전화를 받다, 통화하다, 전화를 바꿔 주다,
안부를 묻다, 전화를 끊다, 국제 전화 　 -거든

● 〈의사소통 한국어 3〉 108~109쪽

3. 써 봅시다.

(약이) 싫다	(밥을) 먹다	(잠을) 자다
↓	↓	↓
싫거든		

4. 〈보기〉와 같이 이유를 써 봅시다.

〈보기〉 수업 마치고 같이 못 놀아. 숙제를 | 해 | 야 | 하 | 거 | 든 |.
(해야 하다)

① 주말에 할머니 댁에 가야 해. 가족 모임이 □□□□.
(있다)

② 문구점에 가야 해. 지우개를 □□□□□.
(잃어버렸다)

③ 옷에 묻히지 않게 조심해야 해. 새 □□□□.
(옷이다)

④ 저밍에게 전화를 할 거야. 저밍과 □□ □□.
(놀고 싶다)

② 휴대 전화

1. 다음 글을 읽고 물음에 답해 봅시다.

저밍과 하미가 운동장에서 이야기를 하고 있어요.
"하미, 너 휴대 전화 새로 샀어?"
"응, 아빠한테 생일 선물로 휴대 전화를 사 달라고 했어."
하미가 말했어요. 휴대 전화가 없는 저밍은 부러웠어요.
"좋겠다. 휴대 전화로 찍은 사진 좀 구경해도 돼?"
"어제 동생이 자꾸 사진을 찍어 달라고 해서
휴대 전화에 동생 사진이 많이 있어."
하미가 말했어요.
"네 동생 정말 귀엽다. 너랑 닮았어."
"우리도 같이 사진 찍을래?"
"그래."

1) 누가 휴대 전화를 새로 샀어요?   [|]

2) 하미의 휴대 전화에 왜 동생 사진이 많아요?

　① 동생이 정말 귀여워서
　② 동생 휴대 전화를 가지고 와서
　③ 동생이 자꾸 사진을 찍어 달라고 해서

3) 저밍과 하미는 어떤 행동을 할 것 같아요?

　① 하미의 동생을 불러 같이 논다.
　② 하미의 휴대 전화를 같이 구경한다.
　③ 하미의 휴대 전화로 같이 사진을 찍는다.

2. 써 봅시다.

(장난감을) 사다 ➡ 사 달라고 하다	(손을) 잡다 ➡
(모둠을) 만들다 ➡ 만들어 달라고 하다	(사진을) 찍다 ➡
(운동을) 하다 ➡ 해 달라고 하다	(정답을) 계산하다 ➡

3. 〈보기〉와 같이 써 봅시다.

〈보기〉
"지민아, 지우개를 빌려 줘."
➡ 지민이에게 지우개를 | 빌 | 려 | 달 | 라 | 고 | 했어요.

① "엄마, 맛있는 간식을 사 주세요."
➡ 엄마에게 맛있는 간식을 [　][　][　] 했어요.

② "아빠, 같이 놀이공원에 가 주세요."
➡ 아빠에게 같이 놀이공원에 [　][　][　] 했어요.

③ "친구야, 전화를 해 줘."
➡ 친구에게 전화를 [　][　][　] 했어.

④ "문자 메시지를 보내 줘."
➡ 문자 메시지를 보내 [　][　] 했어.

③ 인터넷 대화 예절

1. 인터넷으로 대화를 할 때 어떻게 해야 해요? 모두 골라서 색칠해 봅시다.

2. 친구의 글에 댓글을 써 봅시다.

3. 써 봅시다.

(손을) 잡다 ➡ 잡으면 어떡해.	(크게) 웃다 ➡
(갑자기) 멈추다 ➡ 멈추면 어떡해.	(집에) 가다 ➡
(밥을) 먹다 ➡ 먹어야지.	(빨리) 자다 ➡
(빨리) 돌다 ➡ 돌아야지.	(손을) 잡다 ➡
(열심히) 공부하다 ➡ 공부해야지.	(정확하게) 계산하다 ➡

4. 〈보기〉와 같이 써 봅시다.

나쁜 말을 하다(×) – 예쁜 말을 하다(○)

〈보기〉　나쁜 말을 <u>하면 어떡해</u>.
　　　　예쁜 말을 <u>해야지</u>.

① 맞춤법을 틀리게 쓰다(×) – 정확하게 쓰다(○)

맞춤법을 틀리게 _____.
정확하게 _____.

② 계속 ㅋㅋㅋㅋ만 하다(×) – 질문에 대답을 하다(○)

계속 ㅋㅋㅋㅋ만 _____.

_____.

③ 한 사람을 따돌리다(×) – 사이좋게 지내다(○)

한 사람을 _____.
사이좋게 _____.

④ 휴대 전화 사용 예절

1. 다음 물음에 답해 봅시다.

1) 그림을 보고 어울리는 것을 연결해 보세요.

| 영화관에서는 | 버스에서는 | 수업 시간에는 | 길을 걸을 때는 |

| 휴대 전화를 보지 마세요. | 휴대 전화를 꺼내지 마세요. | 작은 소리로 통화해 주세요. | 휴대 전화를 꺼 주세요. |

2) 연결한 것을 써 보세요.

① 영화관에서는 <u>휴대 전화를 꺼 주세요.</u>

② 버스에서는 _____.

③ 수업 시간에는 _____.

④ 길을 걸을 때는 _____.

2. 어디에서 큰 소리로 전화 통화를 하면 안 돼요?
모두 골라서 색칠해 봅시다.

공중
화장실

내 방

교실

지하철

영화관

우리 집
거실

미술관

버스

3. 미술관에서 어떤 예절을 지켜야 해요? 바른 예절에 ○표 해 봅시다.

① 큰 소리로 통화하지 않아요.   (○   )

② 마음대로 사진을 찍어요.   (   )

③ 조용히 작품을 감상해요.   (   )

④ 마음에 드는 작품을 손으로 만져요.   (   )

4. 휴대 전화를 사용할 때 지킬 내용을 써 봅시다.

나 (   )은/는 휴대 전화를 사용할 때

다음을 잘 지키겠습니다.

1. 하루에 _____ 시간만 사용하겠습니다.

2. _____

3. _____

20   년   월   일

글씨 연습

● 글씨를 바르게 써 봅시다.

휴	대		전	화
휴	대		전	화

따	돌	리	다
따	돌	리	다

통	화	하	다
통	화	하	다

길	을		걷	다
길	을		걷	다

	나	쁜		말	을		하	거	나
욕	을		하	면		어	떡	해	.
바	른		말	을		해	야	지	.

영화관에서는 휴대
전화를 꺼 주세요.
수업 시간에는 휴대
전화를 꺼내지 마세
요. 버스에서는 작은
소리로 통화해 주세
요.

1 우리 이웃의 직업

1. 알맞은 낱말을 골라 써 봅시다.

의사   경찰관   소방관   간호사   선생님   요리사   회사원

① 가   의사

    나   _____

② _____

③ _____

④ _____

⑤ _____

⑥ _____

✏️ 경찰관, 도둑을 잡다, 의사, 치료하다, 간호사, 가르치다,
회사원, 일하다, 소방관, 불을 끄다

● 〈의사소통 한국어 3〉 126~127쪽

2. 어울리는 것을 연결해 봅시다.

① 아픈 사람들을   일해요

② 회사에서   도와줘요

③ 불을   치료해요

④ 학생들을   가르쳐요

⑤ 병을   만들어요

⑥ 맛있는 음식을   꺼요

⑦ 도둑을   잡아요

② 나의 꿈

1. 써 봅시다.

아빠처럼	엄마 ➡		오빠 ➡

2. 아이들의 꿈은 무엇입니까? 〈보기〉와 같이 써 봅시다.

〈보기〉 아빠: 선생님
아이: 저는 | 아 | 빠 | 처럼 | 선 | 생 | 님 | 이 되고 싶어요.

① 이모: 의사
아이: 저는 [   ] 처럼 [   ] 가 되고 싶어요.

② 형: 간호사
아이: 저는 [   ] 처럼 [   ] 가 되고 싶어요.

③ 아빠: 요리사
아이: 저는 [   ] 처럼 [   ] 가 되고 싶어요.

④ 엄마: 소방관
아이: 저는 [   ] 처럼 [   ] 이 되고 싶어요.

3. 써 봅시다.

(의사가) 되다 ➡ 되었으면 좋겠다.	(아이스크림을) 먹다 ➡
(집에) 가다 ➡ 갔으면 좋겠다.	(우리 집에) 오다 ➡
(운동을) 하다 ➡ 했으면 좋겠다.	(공부를) 하다 ➡

4. 알맞은 것을 연결해 봅시다.

5. 〈보기〉와 같이 써 봅시다.

③ 어린이 직업 체험

1. 직업 이름을 찾아서 색칠해 봅시다.

2. 써 봅시다.

(맛있는 고기를) 먹다 ➡ 먹으려면   (어려운 책을) 읽다 ➡

(선생님이) 되다 ➡ 되려면   (교장 선생님을) 만나다 ➡

3. 〈보기〉와 같이 써 봅시다.

〈보기〉

박물관에 가고 싶어요. 어떻게 해야 해요?

➡ 박물관에 | 가 | 려 | 면 | 어떻게 해야 해요?

① 한국어 말하기를 잘하고 싶어요. 어떻게 해야 해요?

➡ 한국어 말하기를 [   ] 어떻게 해야 해요?

② 친구하고 사이좋게 지내고 싶어요. 어떻게 해야 해요?

➡ 친구하고 사이좋게 [   ] 어떻게 해야 해요?

③ 편지를 보내고 싶어요. 어떻게 해야 해요?

➡ 편지를 [   ] 어떻게 해야 해요?

④ 선생님이 되고 싶어요. 어떻게 해야 해요?

➡ 선생님이 [   ] 어떻게 해야 해요?

4. 써 봅시다.

(약을) 먹다 ➡ 먹으면 되다	(여기에) 앉다 ➡
(도서관에) 가다 ➡ 가면 되다	(여기에서) 기다리다 ➡

5. 알맞은 것을 연결하고 써 봅시다.

① 박물관에 가고 싶어요. •   • 매일 말하기 연습을 하세요.

② 한국어 말하기를 잘하고 싶어요. •   • 30번 버스를 타세요.

③ 편지를 보내고 싶어요. •   • 우체국에 가세요.

④ 선생님이 되고 싶어요. •   • 공부를 열심히 하세요.

①   박물관에 가려면 30번 버스를 타세요.

② _____

③ _____

④ _____

6. 〈보기〉와 같이 써 봅시다.

〈보기〉   방송국 체험을 하다 ➡ 여기에서 줄을 서다

방송국 체험을 하려면 어떻게 해야 해요?

여기에서 | 줄 | 을 | 서 | 면 | 돼 | 요 .

① 　수의사 체험을 하다 ➡ 번호표를 받고 기다리다

수의사 체험을 하려면 어떻게 해야 해요?

번호표를 받고 | | | | | | | .

② 　조종사 체험을 하다 ➡ 2층으로 올라가다

조종사 체험을 | | | 어떻게 해야 해요?

2층으로 | | | | | | .

③ 　소방관 체험을 하다 ➡ 앉아서 기다리다

소방관 체험을 하려면 | | | | | | | ?

앉아서 | | | | | | .

4 장래 희망 발표

1. 알맞은 말을 골라 써 봅시다.

안녕하세요. 저는 1학년 2반 리암입니다.

제 꿈은 축구 선수입니다. 저는 친구들하고 축구를 할 때 제일 행복합니다.

제가 좋아하는 축구 선수는 '메시'입니다. 저는 메시 _____ 훌륭한

축구 선수가 _____.
　　　　　　　　　　　　　　　(되다)

나중에 제 축구 경기를 보러 오세요.

2. 여러분의 장래 희망을 써 봅시다.

----

3. 알맞은 낱말을 찾아서 색칠해 봅시다.

① 의사는 아픈 사람의 병을 ㅊ ㄹ 해요.

② 선생님이 되고 싶어요? 열심히 ㄱ ㅂ 하면 돼요.

③ ㅅ ㅇ ㅅ 는 동물들의 병을 치료하는 사람이에요.

④ 나중에 되고 싶은 꿈을 ㅈ ㄹ ㅎ ㅁ 이라고 해요.

⑤ 저는 맛있는 음식을 만드는 ㅇ ㄹ ㅅ 가 됐으면 좋겠어요.

자	림	배	우	산	수	의	사
랑	서	요	차	림	우	리	새
하	양	리	①치	료	공	부	하
마	사	사	루	장	래	희	망

글씨 연습

● 글씨를 바르게 써 봅시다.

소	방	관
소	방	관

불	을		끄	다
불	을		끄	다

학	생	을		가	르	치	다	.
학	생	을		가	르	치	다	.

아	빠	,		저	는			아	빠	처
럼		훌	륭	한			경	찰	관	이
되	었	으	면			좋	겠	어	요	.

제 꿈은 요리사입
니다. 저희 아빠도
요리사입니다. 저는
맛있는 음식을 먹을
때 행복합니다. 저는
아빠처럼 훌륭한 요
리사가 되겠습니다.

8 방학에 할머니 댁에 갈 것 같아요

① 여행 계획

1. 알맞은 것을 연결하고 〈보기〉와 같이 써 봅시다.

〈보기〉 나는 할머니를 | 뵈 | 었 | 어 | 요 | .

① 나는 선생님을 [   ].

② 나는 동생을 [   ].

③ 나는 빈센트를 [   ].

2. 써 봅시다.

(책을) 읽다 ➡ 읽는 김에   (책상을) 닦다 ➡

(슈퍼에) 가다 ➡ 가는 김에   (방을) 청소하다 ➡

뵙다, 일본, 친구를 만나다, 친척

-는 김에

● 〈의사소통 한국어 3〉 144~145쪽

3. 어떤 일과 어떤 일을 같이 할 수 있어요? 연결해서 문장을 만들어 봅시다.

〈보기〉

세수하다 + 양치질을 하다

→ 세수 | 하 | 는 | | 김 | 에 |
양치질도 했어요.

① 제주도에 삼촌을 뵈러 가다 + 여행을 하다

→ 제주도에 삼촌을 뵈러
| | | | |
여행도 했어요.

② 장난감을 정리하다 + 놀지 않는 장난감을 버리다

→ 장난감을 | | | | | | | |
놀지 않는 장난감도 버렸어요.

③ 부모님과 시장에 가다 + 친구 생일 선물을 사다

→ 부모님과 시장에 가는 김에 _____ .

④ 엄마가 마트에 가시다 + 내 공책을 사 오시다

→ 엄마가 마트에 _____ 내 공책도 사 오셨어요.

⑤ 엄마가 할머니를 뵈러 베트남에 가시다 + 친척들을 만나고 오시다

→ 엄마가 할머니를 뵈러 베트남에 _____ 친척들도
만나고 오셨어요.

② 방학 계획

1. 써 봅시다.

(사진을) 찍다 ➡ 찍을 것 같다	(바람이) 불다 ➡
(비가) 오다 ➡ 올 것 같다	(친척을) 만나다 ➡

2. 〈보기〉와 같이 대답을 써 봅시다.

방학에
뭐 할 거야?

잘 모르겠지만
놀이공원에 　갈　 　것　 　같　아　.

〈보기〉

놀이공원에 가다

① 할머니 댁에 가다

잘 모르겠지만 할머니 댁에 　　 　　 　　　.

② 피아노를 배우다

잘 모르겠지만 피아노를 　　 　　 　　　.

③ 축구를 하다

잘 모르겠지만 친구하고 축구를 　　 　　 　　　.

3. 다음 글을 읽고 〈보기〉와 같이 대답을 써 봅시다.

이번 방학 때 저는 가족 여행을 갈 것 같아요.

작년에는 부모님께서 바쁘셔서 여행을 가지 못했어요.

그래서 친구들하고 놀이공원에 가서 놀았어요.

그런데 이번 방학 때는 가족과 함께 베트남에 갈 것 같아요.

하미는 저에게 바닷가가 아주 깨끗하니까 꼭 가 보라고 했어요.

이번 방학에 저는 베트남에 가서 수영을 하고

맛있는 베트남 쌀국수를 먹을 거예요.

여행할 때 날씨가 아주 좋았으면 좋겠어요.

〈보기〉 작년 방학 때 무엇을 했어요? ➡ | 놀 | 이 | 공 | 원 |에 갔어요.

① 방학 때 어디에 갈 것 같아요? ➡ | | | |에 갈 것 같아요.

② 하미는 뭐라고 말했어요?

➡ | | |가 아주 깨끗하니까 가 보라고 했어요.

③ 여행 가서 무엇을 할 거예요?

➡ | | |을 하고 | | | |를 먹을 거예요.

③ 생활 계획표

1. 다음 대화를 보고 아이다의 계획을 써 봅시다.

① 아이다, 방학 때 피아노 배울래?

② 네, 좋아요.

③ 무슨 요일에 피아노를 배우고 싶어?

④ 저는 월요일하고 수요일에 배우고 싶어요. 참, 태권도도 배우고 싶어요.

⑤ 태권도는 언제 배우고 싶어?

⑥ 화요일하고 목요일에 배우고 싶어요.

⑦ 그래, 그러자.

⑧ 그리고 매일 집에서 줄넘기도 할 거예요.

아이다의 방학 계획

① 피아노 배우기: 월요일, ☐☐☐

② 태권도 배우기: ☐☐☐☐ , ☐☐☐☐

③ 줄넘기: ☐☐ 집에서 하기

2. 써 봅시다.

(책을) 읽다 ➡ 읽기로 하다	(친구하고) 놀다 ➡
(피아노를) 배우다 ➡ 배우기로 하다	(운동을) 하다 ➡

3. 〈보기〉와 같이 대화를 써 봅시다.

〈보기〉

방학 때 뭘 하기로 했어?

피아노를 배우기로 했어.

① 피아노는 언제 배울 거야?

월요일하고 수요일에 [　　　　] 했어.

그리고 태권도 학원에도 다닐 거야.

② 태권도 학원에는 언제 갈 거야?

화요일하고 목요일에 [　　　] 했어.

③ 줄넘기도 학원에서 배울 거야?

아니, 줄넘기는 매일 [　　　]

[　　　] 했어.

4 새해 다짐 일기

1. 알맞은 낱말을 연결해 봅시다.

① 새해를   •   •   쓰다

② 줄넘기를   •   •   하다

③ 계획을   •   •   세우다

④ 일기를   •   •   맞이하다

2. 써 봅시다.

(날씨가) 춥다	(김치가) 맵다	(친척이) 오다
↓	↓	↓
춥기 때문에		

3. 다음 글을 읽고 답을 써 봅시다.

나는 새해에 두 가지 계획을 세웠다. 하나는 운동을 열심히 하는 것이다. 건강해지고 싶기 때문에 날마다 아침에 줄넘기를 하기로 했다. 그리고 한국 친척들과 한국말로 이야기를 하고 싶기 때문에 한국어 공부를 열심히 하기로 했다. 그래서 날마다 한국어를 열심히 공부하고 모르는 것이 있으면 선생님께 질문도 많이 한다. 지금은 작년보다 한국어 실력이 많이 좋아져서 기분이 좋다. 앞으로도 계획을 잘 지켜야겠다.

① 새해 계획은 무엇입니까? ➡ 운동과 ☐☐☐ ☐☐를 열심히 하는 것입니다.

② 무슨 운동을 합니까? ➡ ☐☐☐를 합니다.

4. 〈보기〉와 같이 알맞은 것을 연결하고 써 봅시다.

〈보기〉 한국어 실력이 부족하다 ● ● 건강해졌어요

① 청소를 했다 ● ● 방이 깨끗해요

② 친구 생일이다 ● ● 선물을 샀어요

③ 운동을 열심히 했다 ● ● 친구에게서 빌렸어요

④ 연필을 안 가지고 왔다 ● ● 열심히 공부할 거예요

⑤ 할머니께서 일본에 계시다 ● ● 방학 때 일본에 갈 거예요

〈보기〉 한국어 실력이 | 부 | 족 | 하 | 기 | | 때 | 문 | 에 | 열심히 공부할 거예요.

① 청소를 [|] [| |] 방이 깨끗해요.

② 친구 [| | |] [| |] 선물을 샀어요.

③ 운동을 열심히 [|] [| |] 건강해졌어요.

④ 연필을 안 가지고 [|] [| |] 친구에게서 빌렸어요.

⑤ 할머니께서 일본에 [| |] [| |] 방학 때 일본에 갈 거예요.

글씨 연습

● 글씨를 바르게 써 봅시다.

놀	이	공	원
놀	이	공	원

가	족		여	행
가	족		여	행

할	머	니	를		뵈	러		가	다.
할	머	니	를		뵈	러		가	다.

	방	학		숙	제	를		하	고
나	서		책	을		읽	기	로	
했	어.								

나는 새해를 맞이
하여 새로운 계획을
세우고 싶다. 나는
새해에는 더욱 건강
해지고 싶기 때문에
줄넘기를 열심히 할
것이다.

I. 맞는 답을 고르세요. [1-6]

1. 동물원에서 동물들을 _____ 정말 재미있었어요. (   )

① 질문했는데   ② 신기했는데   ③ 구경했는데   ④ 초대했는데

2. 태권도를 배우고 싶어? 나는 태권도를 잘하니까 내가 _____ 줄게. (   )

① 가르쳐   ② 발표해   ③ 초대해   ④ 준비해

3. 성우가 친구에게 할 말이 있어요. 그래서 전화를 _____. (   )

① 걸었어요   ② 받았어요   ③ 바꿨어요   ④ 만났어요

4. 글을 쓸 때 _____을/를 틀리게 쓰면 다른 사람이 이해할 수가 없어요. (   )

① 맞춤법   ② 인터넷   ③ 알림장   ④ 계획표

5. 한국에 처음 왔을 때 한국어를 못했어요. 그런데 열심히 _____ 이제는
잘하게 되었어요. (   )

① 지켜서   ② 치료해서   ③ 노력해서   ④ 부탁해서

6. 한국어 실력이 _____ 때문에 앞으로 열심히 공부할 거예요. (   )

① 준비하기   ② 부족하기   ③ 맞이하기   ④ 자신 있기

Ⅱ. 맞는 답을 고르세요. [7-11]

7. (   )

가: 오늘 수업 후에 같이 놀까?
나: 미안해. 오늘은 수업이 _____
　　할머니 댁에 가야 해.

① 끝나자마자
② 끝났으니까
③ 끝나기 전에

8. (   )

가: 엄마, 졸려요. 자고 싶어요.
나: 아무리 _____ 숙제는 하고 자야지.

① 졸려야
② 졸려도
③ 졸려서

9. (   )

가: 커서 뭐가 되고 싶어요?
나: 저는 커서 아빠처럼 요리사가
　　_____ .

① 될 줄 몰라요
② 되라고 했어요
③ 됐으면 좋겠어요

10. (   )

가: 어떻게 모둠을 만들고 싶어요?
나: _____ .

① 저는 모둠을 좋아해요
② 내일 모둠을 만들 거예요
③ 친한 친구끼리 모둠을 만들고
　　싶어요

11. (   )

> 가: 선생님이 되려면 어떻게 해야 해요?
>
> 나: _____ .

① 선생님이 돼야지요

② 열심히 공부하면 돼요

③ 선생님이 될 수 있어요

Ⅲ. 다음을 읽고 맞는 답을 고르세요. [12-15]

12. (   )

> 저는 운동을 좋아해서 여러 운동을 했어요. 축구하고 야구를 했어요. 그리고 배드민턴도 쳐 봤어요. 배드민턴이 아주 재미있었어요.

① 저는 운동을 싫어합니다.

② 저는 배드민턴을 못 칩니다.

③ 저는 야구를 한 적이 있습니다.

13. (   )

> 학교에서는 질서를 지켜야 합니다. 수업 시간에는 의자에 바르게 앉아서 수업을 들어야 합니다. 복도에서 장난치면 안 됩니다. 그리고 위험하니까 계단에서는 절대 뛰어다니면 안 됩니다.

① 복도에서 장난쳐도 됩니다.

② 계단에서 뛰면 위험합니다.

③ 교실에서 뛸 수 있습니다.

14. (   )

의사: 어디가 아프세요?

나: 무릎이 아파요.

의사: 어떻게 하다가 다쳤어요?

나: 시소를 타다가 넘어졌어요.

① 나는 지금 시소를 타고 있습니다.

② 나는 무릎이 아파서 병원에 갔습니다.

③ 의사 선생님은 시소를 타지 말라고 하셨습니다.

15. (   )

하미: 선생님께서 뭐라고 하셨어?

저밍: 선생님께서 준비물 가지고 왔냐고 하셨어.

하미: 어떡하지? 나 깜빡하고 안 가지고 왔어.

저밍: 그래? 그럼 내 준비물을 같이 쓰자.

① 선생님께서 저밍에게 준비물을 주셨습니다.

② 하미와 저밍은 모두 준비물을 가지고 왔습니다.

③ 저밍은 하미에게 준비물을 빌려주기로 했습니다.

★ 정답

● '알고 있나요?' 정답

1. ① "○○, 안녕!" 등
   ② "잘 가. 내일 보자." 등
   ③ "나는 ○○(이)야. 만나서 반가워." 등
2. **예** 우리 가족은 모두 5명이에요. 아빠는 요리하는 것을 좋아하세요. 엄마는 책을 읽는 것을 좋아하세요. 언니는 음악 듣는 것을 좋아해요. 동생은 수영하는 것을 좋아해요.
3. **예** 저는 수학과 통합 교과 수업을 좋아해요. 수학 수업 시간에 곱셈을 배운 것이 기억에 남아요. 통합 교과 시간에 악기를 배운 것이 기억에 남아요.
4. **예** 저는 예쁜 꽃을 볼 수 있어서 봄이 좋아요. 저는 수영을 할 수 있어서 여름이 좋아요. 저는 눈싸움을 할 수 있어서 겨울이 좋아요.
5. **예** 방학 때 영화를 봤어요. 이번 방학에 박물관이랑 미술관을 가고 싶어요. 겨울 방학 때 친구들과 눈썰매랑 스케이트를 탔어요. 이번 방학에 스키를 타고 싶어요.
6. **예** 네, 중국에서 딤섬을 먹어 보았어요. 딤섬은 간장에 찍어서 먹으면 맛있어요. 카레를 먹어 보았는데 달았어요. 카레는 밥에 비벼서 먹거나 난에 찍어서 먹어요.
7. **예** ① 아이스크림은 육백 원입니다.
        ② 필통은 이천 원이에요.
8. 공공장소에서 예절을 안 지킨 친구는 리암이에요. 리암은 식당에서 뛰어다니지 않고 조용히 앉아서 먹어야 해요.

1단원 뛰다가 넘어졌어요

1. 보건실

1.

2. ① 배가 아파요
   ② 팔이 아파요
   ③ 목이 아파요

3. **예**

2. 사고

1.
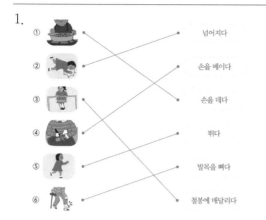

2. (운동장에서) 뛰다 → 뛰다가
(철봉에) 매달리다 → 매달리다가

3. ① 뛰다가 ② 매달리다가 ③ 하다가

4. ① 넘어졌어요 ② 손을 데었어요
③ 자전거를 타다가

3. 증상

1.

2. 인 것 같아/인 것 같아

3. 1) ① 배탈인 것 같아 ② 충치인 것 같아
2) ① 눈병인 것 같은데 ② 감기인 것 같은데

4.

4. 병원

1.

2. 일주일 → 일주일에
3일 → 3일에

3. **예** ① 세(3) ② 여섯(6) ③ 하루, 한(1)
④ 하루, 세(3)

4. (손을) 씻다 → 씻은 다음에
(책을) 읽다 → 읽은 다음에
(연고를) 바르다 → 바른 다음에
(파스를) 붙이다 → 붙인 다음에

5. ① 먹은 다음에 ② 씻은 다음에

6. 3번/씻은 다음에

2단원 **수영을 할 줄 알아요**

1. 할 수 있는 일

1. ② 수영을 하다 ③ 리코더를 불다
④ 종이접기를 하다 ⑤ 피아노를 치다

2. (돈을) 찾다 → 찾을 줄 알다
(피아노를) 치다 → 칠 줄 알다

3. ① 줄 ② 줄 몰라요 ③ 줄 몰라요
④ 불 줄 알아요 ⑤ 탈 줄 알아요

2. 배우고 싶은 것

1. (밥을) 먹다 → 먹자마자
(숙제를) 하다 → 하자마자

2. ① 가자마자 ② 하자마자

3. (떡볶이를) 먹다 → 먹을래?
(여기에) 앉다 → 앉을래?
(축구를) 하다 → 할래?
(피아노를) 치다 → 칠래?

4. ① 할래 ② 먹을래 ③ 할래
④ 종이접기를 할래 ⑤ 마술을 배울래

3. 경험한 일

1. (선물을) 받다 → 받은 적이 있다

(물고기를) 잡다 → 잡은 적이 있다
(영화를) 보다 → 본 적이 있다
(고양이를) 키우다 → 키운 적이 있다

2. ① 키운 ② 기른
   ③ 탄 적이 있어/응, 탄 적이 있어
3. ① 있어요/없어요 ② 적이 있어요/없어요
   ③ 탄 적이 있어요/없어요
   ④ 키운 적이 있어요/없어요

4. 하고 싶은 것

1. **예** (나는) 지난달부터 방과 후 교실에서 마술을
   배우고 있어요. 그래서 마술을 할 줄 알아요.
   전에 선생님하고 친구들 앞에서 마술을 한
   적이 있어요. 친구들이 아주 좋아해서 나도
   기분이 좋았어요.
2. 두 글자: 기타, 마술, 여행, 축구
   세 글자: 피아노, 리코더, 자전거, 태권도
   네 글자: 배드민턴, 바이올린

3단원 친구하고 같이 체험 학습을 가요

1. 체험 학습 준비

1. ① 돗자리 ② 간식 ③ 먹이
   ④ 장소 ⑤ 날짜 ⑥ 준비물
2. 동생 → 동생하고 같이
3. ② 어디 ④ 언제 ⑥ 준비물 ⑧ 뭐
4. ● 장소: 동물원
   ● 날짜: 5월 17일 금요일
   ● 준비물: 돗자리, 물
   ● 가서 할 일: 동물 구경, 먹이 주기

2. 체험 학습 모둠

1. ② 나, 다, 바, 사, 차 ③ 다, 바, 사
   ④ 카, 타 ⑤ 가, 마, 아, 카, 타

   ② 대로 ③ 끼리/끼리
3. ② 끼리 ③ 대로 ④ 끼리/끼리

3. 안전 교육

1

2. ① 잡겠습니다
   ② 매겠습니다
   ③ 하겠습니다
   ④ 않겠습니다

4. 체험 학습 보고서

1. ① 귀여웠어요
   ② 재미있어요
   ③ 신기했어요

2.

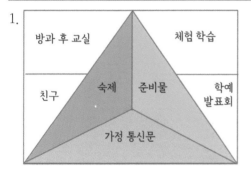

마	②먹	이	④안	난	⑦모	둠
당	③간	식	전	일	⑤청	소
마	음	공	①벨	번	호	각
남	부	탁	트	럭	추	충
아	⑥놀	이	공	원	수	성
국	수	자	우	주	보	트

4단원 숙제를 다 하고 놀자고 했어요

1. 알림장

1.

방과 후 교실		체험 학습
친구	숙제 준비물	학예 발표회
	가정 통신문	

2. 2) 1. 숙: 수학 익힘책(수익) 24~26쪽 풀기
　　 2. 가통(가정 통신문) 1개
　　 3. 준: 줄넘기

3.

　　○ 　　　　　　 ○

4. 일기 쓰기야. 준비물은 리코더야. 가정 통신문이
　1개 있어.

2. 오늘의 숙제

1. ② 혼났어요 ③ 졸려요
　④ 시간이 없어요 ⑤ 놀고 싶어요
2. (가기) 싫다 → 싫어도

(빵을) 만들다 → 만들어도
(창문을) 닦다 → 닦아도
(친구와) 놀다 → 놀아도
(열심히) 공부하다 → 공부해도
(밖에서) 운동하다 → 운동해도

3. ① 혼나도 ② 무서워도
　③ 졸려도 ④ 놀고 싶어도

4.

혼나는 것이 무서워도	친구와 더 놀고 싶어도	아무리 졸려도	몸이 힘들어도
숙제를 먼저 할 거예요.	사실대로 말할 거예요.	매일 운동을 할 거예요.	이를 닦고 잘 거예요.

5. 예 ① 아이스크림을 먹을 거예요
　 ② 만화책을 더 볼 거예요
　 ③ 친구들과 놀 거예요
　 ④ 아무리 하기 싫어도 청소를 할 거예요

3. 모둠 활동

1. (잠을) 자다 → 자는 동안에
　(밥을) 먹다 → 먹는 동안에
2. 1) 역할
　 2)

① 아비가일	누워 있기
② 나(리암)	팔과 손 그리기
③ 아이다	다리 그리기
④ 저밍	머리 그리기

　 3) ② 팔과 손을 그리는
　　　 ③ 다리를 그리는 동안에
3. ① 숙제를 하는 동안에
　 ② 알림장을 쓰는 동안에
　 ③ 줄넘기를 하는 동안에

4. 숙제 검사

1. 청소를 같이 하자. 선생님께서 청소를 다 했냐고 하셨어.
청소를 다 했니? 선생님께서 청소를 같이 하자고 하셨어.

2. (숙제가) 없다 → 없냐고 하다
   (집에) 가다 → 가자고 하다

3. ② 가냐고 ③ 좋아하냐고 ④ 먹자고

4. ② 가자고 ③ 있냐고 ④ 했냐고

5. 1) ② 빌리자고
   2) ① 좋아하냐고 ② 먹자고

5단원 쓰레기를 버리면 안 돼요

1. 공원에서 지켜야 할 규칙

1. ① 자전거를 타다
   ② 쓰레기를 버리다
   ③ 꽃을 꺾다
   ④ 노래를 부르다

2. (문을) 닫다 → 닫으면 안 되다
   (꽃을) 꺾다 → 꺾으면 안 되다
   (늦게) 오다 → 오면 안 되다
   (쓰레기를) 버리다 → 버리면 안 되다

3. ① 나무에 ― 꺾으면 안 돼요.
   ② 자전거를 ― 올라가면 안 돼요.
   ③ 쓰레기를 ― 부르면 안 돼요.
   ④ 꽃을 ― 타면 안 돼요.
   ⑤ 큰 소리로 노래를 ― 버리면 안 돼요.

2. 학교에서 지켜야 할 규칙

1. (태권도를) 배우다 → 배운다고 하다
   (뛰면) 안 되다 → 안 된다고 하다

2. ① 교실에 쓰레기를 버리면 안 된다고

② 복도에서 장난치면 안 된다고

3. (이름을) 쓰다 → 쓰라고 하다
   (똑바로) 앉다 → 앉으라고 하다

4. ① 하라고
   ② 지내라고

5. ① 매라고
   ② 의자에 바르게 앉으라고

3. 급식실에서 지켜야 할 규칙

1.

① 손을 ― 받다
② 줄을 ― 씻다
③ 양치질을 ― 서다
④ 친구들과 맛있게 ― 놓다
⑤ 급식을 ― 하다
⑥ 수저와 식판을 정해진 곳에 ― 먹다

2. (손을) 씻다 → 씻고 나서
   (일기를) 쓰다 → 쓰고 나서

3. 다 → 나 → 가 → 바 → 마 → 라

4. ① 받고 나서 ② 놓고 나서

4. 박물관에서 지켜야 할 규칙

1. 오라고/오라고/안 된다고/안 된다고 하셨어

2. 두 글자: 차례, 견학, 수저, 식판
   세 글자: 박물관, 양치질
   네 글자: 필기도구

6단원 교실에서 휴대 전화를 꺼 주세요

1. 전화

2. ② × ③ ○ ④ ×

3. (밥을) 먹다 → 먹거든

　(잠을) 자다 → 자거든

4. ① 있거든 ② 잃어버렸거든

　③ 옷이거든 ④ 놀고 싶거든

2. 휴대 전화

1. 1) 하미

　2) ③

　3) ③

2. (손을) 잡다 → 잡아 달라고 하다

　(사진을) 찍다 → 찍어 달라고 하다

　(정답을) 계산하다 → 계산해 달라고 하다

3. ① 사 달라고

　② 가 달라고

　③ 해 달라고

　④ 달라고

3. 인터넷 대화 예절

1.

2. 예 맞아. 정말 감동적이었어.

3. (크게) 웃다 → 웃으면 어떡해

　(집에) 가다 → 가면 어떡해

　(빨리) 자다 → 자야지

　(손을) 잡다 → 잡아야지

(정확하게) 계산하다 → 계산해야지

4. ① 쓰면 어떡해/써야지

　② 하면 어떡해/질문에 대답을 해야지

　③ 따돌리면 어떡해/지내야지

4. 휴대 전화 사용 예절

1. 1)

　2) ② 작은 소리로 통화해 주세요

　③ 휴대 전화를 꺼내지 마세요

　④ 휴대 전화를 보지 마세요

2.

3. ③ ○

4

　나 (저밍)은 휴대 전화를 사용할 때

　다음을 잘 지키겠습니다.

　1. 하루에 ㅣ 시간만 사용하겠습니다.

　2. 자기 전에는 휴대 전화를 사용하지 않겠습니다.

　3. 길을 걸으면서 휴대 전화를 보지 않겠습니다.

　　　　2020 년 11월 22일

정답 · 105

7단원 경찰이 되었으면 좋겠어요

1. 우리 이웃의 직업

1. ① 나: 간호사 ② 소방관 ③ 요리사
   ④ 회사원 ⑤ 경찰관 ⑥ 선생님

2.

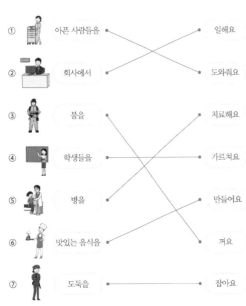

2. 나의 꿈

1. 엄마 → 엄마처럼/오빠 → 오빠처럼
2. ① 이모/의사 ② 형/간호사
   ③ 아빠/요리사 ④ 엄마/소방관
3. (아이스크림을 먹다) → 먹었으면 좋겠다.
   (우리 집에) 오다 → 왔으면 좋겠다.
   (공부를) 하다 → 했으면 좋겠다.
4.

5. ① 병을 치료하는

② 음식을 만드는
③ 학생을 가르치는

3. 어린이 직업 체험

1.

2. (어려운 책을) 읽다 → 읽으려면
   (교장 선생님을) 만나다 → 만나려면
3. ① 잘하려면 ② 지내려면
   ③ 보내려면 ④ 되려면
4. (여기에) 앉다 → 앉으면 되다
   (여기에서) 기다리다 → 기다리면 되다
5.

② 한국어 말하기를 잘하려면 매일 말하기
   연습을 하세요.
③ 편지를 보내려면 우체국에 가세요.
④ 선생님이 되려면 공부를 열심히 하세요.
6. ① 기다리면 돼요
   ② 하려면/올라가면 돼요

③ 어떻게 해야 해요/기다리면 돼요

4. 장래 희망 발표

1. 처럼/됐으면 좋겠습니다
3.

자	림	배	우	산	③수	의	사
랑	서	⑤요	차	람	우	리	새
하	양	리	①치	료	②공	부	하
마	사	사	루	④장	래	희	망

8단원 **방학에 할머니 댁에 갈 것 같아요**

1. 여행 계획

1.

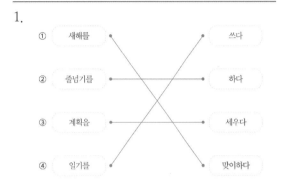

  ① 뵈었어요 ② 만났어요 ③ 만났어요
2. (책상을) 닦다 → 닦는 김에
  (방을) 청소하다 → 청소하는 김에
3. ① 가는 김에 ② 정리하는 김에
  ③ 친구 생일 선물을 샀어요 ④ 가시는 김에
  ⑤ 가시는 김에

2. 방학 계획

1. (바람이) 불다 → 불 것 같다
  (친척을) 만나다 → 만날 것 같다
2. ① 갈 것 같아 ② 배울 것 같아 ③ 할 것 같아
3. ① 베트남 ② 바닷가 ③ 수영, 쌀국수

3. 생활 계획표

1. ① 수요일 ② 화요일, 목요일 ③ 매일
2. (친구하고) 놀다 → 놀기로 하다
  (운동을) 하다 → 하기로 하다
3. ① 배우기로
  ② 가기로
  ③ 집에서 하기로

4. 새해 다짐 일기

1.

① 새해를	쓰다
② 줄넘기를	하다
③ 계획을	세우다
④ 일기를	맞이하다

2. (김치가) 맵다 → 맵기 때문에
  (친척이) 오다 → 오기 때문에
3. ① 한국어 공부 ② 줄넘기
4.

〈보기〉 한국어 실력이 부족하다	건강해졌어요
① 청소를 했다	방이 깨끗해요
② 친구 생일이다	선물을 샀어요
③ 운동을 열심히 했다	친구에게서 빌렸어요
④ 연필을 안 가지고 왔다	열심히 공부할 거예요
⑤ 할머니께서 일본에 계시다	방학 때 일본에 갈 거예요

① 했기 때문에
② 생일이기 때문에

③ 했기 때문에

④ 왔기 때문에

⑤ 계시기 때문에

메모

기획 · 담당 연구원 ──

정혜선 국립국어원 학예연구사
이승지 국립국어원 연구원
박지수 국립국어원 연구원

집필진 ──

책임 집필

이병규 서울교육대학교 국어교육과 교수

공동 집필

박지순 연세대학교 글로벌인재학부 교수
손희연 서울교육대학교 국어교육과 교수
안찬원 서울창도초등학교 교사
오경숙 서강대학교 전인교육원 교수
이효정 국민대학교 교양대학 교수
김세현 서울명신초등학교 교사
김정은 서울가원초등학교 교사
박유현 연세대학교 언어연구교육원 한국어학당 강사

박지현 연세대학교 언어연구교육원 한국어학당 강사
박혜연 서울교대부설초등학교 교사
신윤정 서울도림초등학교 교사
신현진 서울강동초등학교 교사
이은경 세종사이버대학교 한국어학과 교수
이현진 서울천일초등학교 교사
조인옥 연세대학교 언어연구교육원 한국어학당 교수
강수연 서울구로중학교 다문화이중언어 교원

초등학생을 위한
표준 한국어 익힘책
저학년 의사소통 3

ⓒ 국립국어원 기획 | 이병규 외 집필

초판 1쇄 | 2020년 1월 28일
초판 4쇄 | 2024년 2월 27일

기획 | 국립국어원
지은이 | 이병규 외
발행인 | 정은영
책임 편집 | 한미경
디자인 | 표지디자인붐, 박현정 본문박현정, 이경진, 정혜미
일러스트 | 우민혜, 민효인, 김채원, 고굼씨
사진 제공 | 셔터스톡

펴낸곳 | 마리북스
출판 등록 | 제2019-000292호
주소 | (04037) 서울시 마포구 양화로 59 화승리버스텔 503호

전화 | 02)336-0729, 0730
팩스 | 070)7610-2870
이메일 | mari@maribooks.com
인쇄 | (주)신우인쇄

ISBN 979-11-89943-21-9 (64710)
    979-11-89943-11-0 (64710) set